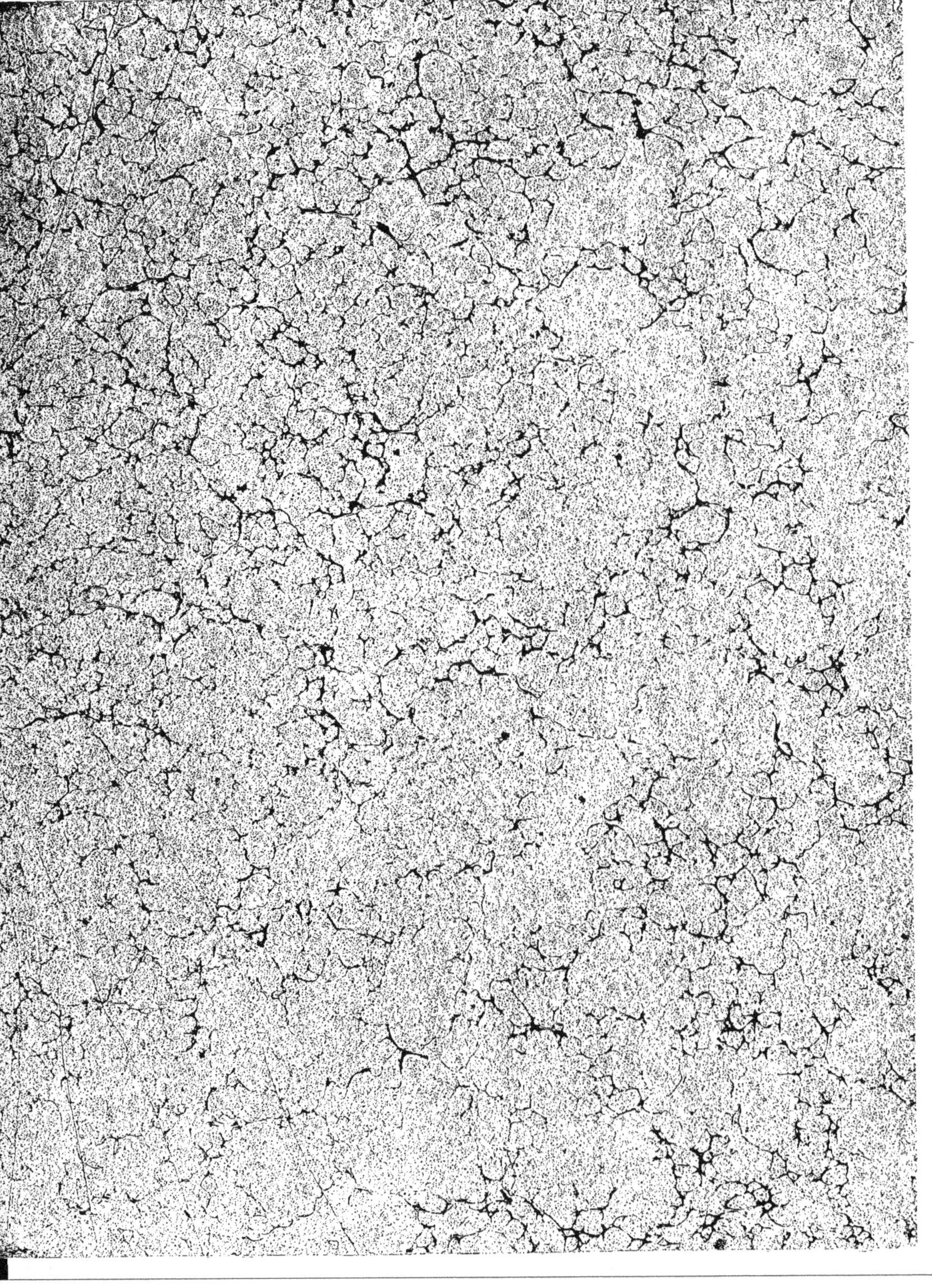

MÉMOIRE

SUR LA

RESPONSABILITÉ EN MATIÈRE DE CONSTRUCTION.

« Nemini jus ignorare decet. »

Constructions périssant par défaut de solidité du sol, ou par insuffisance des fondations.

QUESTION PREMIÈRE.

« Si l'entrepreneur a prévu l'insuffisance de la fondation, ou la
« mauvaise qualité du sol, et qu'il ait fait connaître ses craintes au
« propriétaire et à l'architecte, cet entrepreneur continue-t-il à être
« garant ? »

Ou l'entrepreneur est seul chargé de la construction et de la di-

1844   1

rection des travaux, ou il n'est chargé que de la construction, sous la direction d'un architecte duquel il exécute les plans.

Dans le premier cas, il est seul garant de ses travaux et ne peut rien alléguer qui diminue ou détruise cette garantie; si malgré ses prévisions et la reconnaissance qu'il a faite du sol, il s'est appuyé dessus en y établissant les fondations, les craintes qu'il a manifestées au propriétaire n'altèrent en aucune façon sa responsabilité. Ce dernier devant rester, dans ce cas, étranger à toute question de garantie ou de solidité.

Une décharge en règle du propriétaire ne détruirait pas la responsabilité de l'entrepreneur, attendu que rien ne peut le contraindre à construire au mépris des règles de l'art, qu'il ne doit pas ignorer, et qu'établir des fondations sur un sol de mauvaise qualité, ou ne pas donner aux fondations des dimensions suffisantes pour résister aux efforts qu'elles doivent supporter, serait violer sciemment les règlements sur les constructions, les articles du Code civil y relatifs, toutes choses qu'un entrepreneur ne doit pas ignorer : *Imperitia culpæ adnumeratur.*

Dans le second cas, si, malgré ses observations à l'architecte sur la mauvaise qualité du sol et sur l'insuffisance des fondations, celui-ci persistait à exiger que ses plans fussent suivis, et les fondations établies sur le sol dont l'entrepreneur lui eût fait reconnaître la défectuosité; ce dernier serait encore responsable, car ce serait de sa part une coupable condescendance que de construire lorsqu'il a la conviction que le sol ne présente pas toute sécurité et que les fondations indiquées sur les plans de l'architecte ne lui semblent pas assez solides pour résister aux différents efforts qui peuvent en provoquer la ruine; il doit se retirer et laisser à de moins consciencieux que lui des travaux où sa considération se trouverait compromise, ainsi que ses intérêts.

Il peut encore se présenter le cas où un architecte, par entêtement, et un entrepreneur, par ignorance, ne pourraient s'entendre sur la qualité du sol et sur la nature ou le degré de stabilité des fondations :

dans cette circonstance, le seul moyen d'éviter des difficultés serait
d'avoir recours à des hommes spéciaux, à des experts qui, en pro-
nonçant légalement sur la question, prescriraient ce qu'il convient
de faire.

QUESTION II.

« Si les moyens de fondation sont laissés au choix de l'entrepre-
« neur, et que la chose périsse par insuffisance des fondations, sa
« garantie couvre-t-elle entièrement, dans ce cas, les intérêts du pro-
« priétaire, et cette garantie ne pèse-t-elle que sur l'entrepreneur? »

Si les moyens de fondation sont laissés au choix de l'entrepreneur,
il est évident qu'il doit rester seul garant de ses ouvrages et qu'il ne
peut en faire peser sur autrui la responsabilité.

C'est au propriétaire à s'assurer si, dans ce cas, la garantie pré-
sentée par l'entrepreneur est en raison de l'importance des travaux
qu'il lui confie et si, par conséquent, cette garantie couvre suffisamment ses intérêts.

L'entrepreneur doit donc être seul responsable, puisque le propriétaire s'en est rapporté à lui pour sa construction, et que, dans
l'espèce, c'est à son imprévoyance, à son ignorance ou à sa mauvaise
foi, que devrait être imputée la perte de la construction qui lui avait
été confiée, toutes choses qualifiées par le *Code civil*, 1382-1383.

QUESTION III.

« Si le sol sur lequel construit un entrepreneur est excavé et que
« rien ne puisse faire présumer l'existence de l'excavation, l'entre-
« preneur est-il garant de la chose si elle vient à périr par le fait de
« l'excavation ? »

Quoique la disposition de l'article 1792 du Code civil soit précise,
il nous semble qu'elle ne peut équitablement s'appliquer que lorsque
c'est sciemment qu'on a construit sur un sol excavé. Un sol vierge
pourrait être excavé par suite d'accidents géologigues sans qu'on

puisse s'en assurer autrement qu'au moyen des sondes, qui ne sont jamais descendues que jusqu'au bon sol, jusque sur le bon et solide fond, exigé pour les fondations par le jugement du Maître général des bâtiments, du 29 *octobre* 1686.

Dès qu'on a rencontré ce sol, on peut fonder dessus avec toute confiance, sans se préoccuper de phénomènes qu'aucun indice ne vient révéler; car, où s'arrêterait-on, si un sol qui a toutes les apparences d'un bon fond, d'une terre vierge et non remuée n'était pas considéré comme bon et solide?

On doit donc distinguer si l'excavation existe en vertu d'accidents naturels, et si elle est recouverte par un bon sol, ou si la terre qui la recouvrait n'indiquait pas par sa nature qu'il dût exister une excavation, si c'était par exemple un terrain remblayé.

Dans le premier cas, l'entrepreneur ne devrait pas être responsable d'accidents que la nature du terrain sur lequel il a fondé ne pouvait lui faire soupçonner; dans le second, au contraire, il serait coupable d'avoir établi sa construction sur un sol non consistant, sur un terrain de remblai qui pouvait recouvrir une excavation. J'ai pris le terrain de remblai comme exemple du plus mauvais; mais de celui-ci au bon sol il y a des terrains qui, sans être aussi mauvais, sont cependant impropres à recevoir des fondations, qui dans toute la rigueur du droit, ne devraient jamais être assises que sur le bon et solide fond, *ad solidum et in solido ne super ruinas superstruamus*, dit *Vitruve*, L. 1ᵉʳ, c. v, et son commentateur *Daniel Barbaro : Finem respiciamus, Jacimus enim fondamenta ut œdes firmœ sint ac permanentes, ut igitur œdificia sint firma opportet solum solidum esse atque ita excavari ut inveniatur solidum*, L. III, c. III.

Ajoutons que dans cette question se trouve implicitement renfermée une question d'humanité et de moralité, et que, comme tous les terrains peuvent être consolidés au moyen de travaux plus ou moins dispendieux que la technique enseigne, il ne reste pour ne pas obéir à la loi d'autre excuse que le plus ou le moins de dépense à faire.

Du moment que l'entrepreneur doute de la qualité du sol sur le-

quel il bâtit, il doit en prévenir le propriétaire, obtenir de celui-ci
l'autorisation nécessaire pour l'excédant de travaux qu'exige la consolidation du sol, que des sondages ou des renseignements locaux
peuvent lui faire croire excavé; mais, une fois cette autorisation ob-
tenue, il est responsable des moyens qu'il emploie, et qui doivent
prévenir toute espèce d'accidents ultérieurs.

QUESTION IV.

« Si l'existence de l'excavation est présumée ou certaine, l'entre-
« preneur est-il garant? »

Si l'excavation est présumée ou certaine, et que l'entrepreneur,
quelle que soit la qualité du sol qui la recouvre, construise sur ce
terrain sans prendre les précautions nécessaires pour le consolider, il
est certainement garant de ses ouvrages, et il ne pourrait invoquer
en sa faveur, ni l'excédant de dépenses qu'a nécessité la consolidation
du sol, ni même les avertissements donnés au propriétaire; du moment qu'il construit sur un sol qu'il sait ou qu'il présume être excavé,
il doit prendre toutes les précautions et construire avec toute la solidité que requiert la circonstance.

QUESTION V.

« Dans l'affirmative, quel moyen doit-il employer dans ces deux
« cas pour se soustraire à la garantie, et s'il n'est pas garant, est-ce
« sur le propriétaire que pèse la garantie, ou sur l'architecte? »

L'architecte serait aussi justement déclaré responsable, si, pré-
venu que l'excavation peut exister ou existe, il négligeait de s'en assurer, et d'ordonner les travaux qui doivent consolider le terrain,
son devoir est de visiter le sol sur lequel on doit construire, de re-
cueillir tous les renseignements qui peuvent l'éclairer sur la qualité
et les présomptions pour ou contre une excavation; *primum quidem
consulendi incolæ sunt et periti regionum, ut soli natura exacte di-
gnoscatur. Vitruve* et son commentateur. D B. L. 1 · C. v.

Une fois le propriétaire mis en demeure par l'architecte ou l'entrepreneur, relativement à des présomptions ou à une certitude d'excavation, sur le terrain où il se propose de bâtir ; s'il n'obtempère pas à la demande qui lui est faite pour travaux extraordinaires de consolidation du sol, l'architecte et l'entrepreneur doivent se retirer sous peine d'être solidairement déclarés responsables.

Si au contraire ceux-ci passent outre, et construisent sans précaution, malgré les craintes qu'ils ont manifestées, il y a action pour quasi délit, Code civil, 1383. L'art. 1792 leur est applicable dans toute sa rigueur, *Malitiis non est indulgendum.*

Constructions périssant par vices de combinaison des plans, par de trop grandes portées ou par insuffisance de solidité de piles, points d'appui, murs, défaut de liaison, &c., &c.

QUESTION VI.

« Si l'entrepreneur a prévu des craintes sur l'exécution des plans
« fournis par l'architecte, s'il a fait part de ses craintes à celui-ci, et
« que nonobstant, la construction se soit faite, l'entrepreneur est-il
« responsable si elle périt ?

« Au cas d'affirmative, comment peut-il se soustraire à la respon-
« sabilité ? »

Du moment où l'entrepreneur a fait part des craintes qu'il avait sur l'exécution des plans fournis par l'architecte qui dans ce cas a dû modifier ses plans, pour en faire disparaître la cause ; ou l'entrepreneur en construisant sans requérir de modifications aux plans, a reconnu *ipso facto,* que ses craintes n'avaient aucun fondement et dans

ces deux hypothèses, il doit être responsable et garant, vis-à-vis du propriétaire, des travaux qu'il entreprend.

Il ne pourrait se soustraire à cette responsabilité, qu'en demandant avant de passer outre, acte de ses observations dans le cas où on se refuserait d'y faire droit; et alors la responsabilité pèserait sur l'architecte, qui, averti par les craintes de l'entrepreneur, d'examiner plus attentivement ses plans, persisterait à en exiger l'exécution, sans y apporter aucun changement.

Il est bien entendu que les craintes manifestées par l'entrepreneur, n'auraient aucun rapport avec les lois du voisinage, les réglements sur les constructions, ceux de police ou de la voirie; l'entrepreneur ne devant pas plus les ignorer qu'y contrevenir, car, dans ce cas, l'action du propriétaire ne se bornerait pas à dix ans, elle ne se prescrirait que par trente ans. Il y aurait quasi délit.

QUESTION VII.

« Si l'entrepreneur a exécuté scrupuleusement les plans donnés
« par l'architecte, et que la chose périsse par vice de construction,
« soit insuffisance d'épaisseur des murs et point d'appui, soit que ces
« derniers ne soient pas assez nombreux, etc. L'entrepreneur est-il
« responsable? s'il l'est, quelle est sa part de responsabilité, quelle
« est celle de l'architecte? »

L'entrepreneur, lorsqu'il exécute les plans d'un architecte, et sous ses ordres, ne peut être responsable que de l'emploi et de la nature des matériaux, soit qu'il les fournisse, soit qu'il fasse entrer dans la construction des matériaux appartenant au propriétaire : (Excepté toujours les lois du voisinage, les réglements sur les constructions, ceux de police et de voirie, de l'exécution desquels, l'entrepreneur est responsable dans tous les cas). Si donc il était prouvé que les matériaux employés sont de mauvaise qualité, que leur emploi n'a pas été fait suivant les règles de l'art et avec tout le soin qu'exige une bonne construction, et que l'effet ou les dégradations survenues dans la construction, puissent être attribués à cette mauvaise qualité de matériaux, et à leur emploi inintelligent, toute la responsabilité péserait sur lui.

Si au contraire, il a suivi les plans de l'architecte, s'il les a exécutés en matériaux de bonne qualité, employés conformément à toutes les règles de l'art; il nous semble qu'alors c'est sur l'architecte que doit retomber tout entière la responsabilité, puisque les accidents arrivés à la construction ne proviendraient que d'une mauvaise disposition des soutiens, ou de dimensions trop faibles, données à ces mêmes soutiens, pour le poids et l'effort qu'ils devaient supporter, toutes choses qui sont le propre de l'architecte.

La responsabilité ne pourrait se partager que s'il y avait faute des deux côtés; c'est-à-dire, que si la mauvaise qualité des matériaux et leur emploi sans discernement venait s'ajouter à une mauvaise combinaison dans les soutiens, et à l'insuffisance de leurs dimensions ou de leur nombre. L'architecte et l'entrepreneur me semblent alors coupables au même degré, chacun dans sa spécialité, et devoir supporter, tous deux, dans une proportion qu'évalueraient des experts nommés *ad hoc*, la dépense et les indemnités auxquelles donnerait lieu le rétablissement de tout ou partie de l'édifice confié à leurs soins.

QUESTION VIII.

« Dans les deux questions précédentes, la responsabilité de l'en-
« trepreneur s'applique-t-elle à l'entrepreneur de maçonnerie seul ?
« Ou se divise-t-elle entre lui, l'entrepreneur de charpentes et les
« autres entrepreneurs concourant à la construction ? Dans le cas
« d'affirmative, quelle est la responsabilité de chacun ? Est-elle soli-
« daire ou individuelle ?

Si l'entrepreneur qui a construit est entrepreneur général, il est responsable seul, *Code civil*, 1382, 1383, 1384. Sauf le recours qu'il peut exercer contre ses soustraitants; si au contraire, il est seule-

ment maçon, il n'est responsable que de son propre fait, et chacun des entrepreneurs devient garant, dans sa spécialité, des travaux qu'il a exécutés. La solidarité ne se présumant pas, *Code civil 1202*, à moins qu'il ne soit prouvé qu'il y a dol ou fraude, dans ce cas les entrepreneurs peuvent être condamnés solidairement, *Arrêt de Cassation, 3 juillet* 1817.

Toutefois, dans l'espèce, il y aurait encore à examiner si les accidents proviennent du fait du maçon seul; car une très bonne charpente pourrait reposer sur des points d'appui trop faibles, et dans ce cas le charpentier ne devrait répondre que de ses propres fautes, et non de celles du maçon.

Il serait donc toujours utile que dans une action en garantie, intentée, soit par le propriétaire aux entrepreneurs, soit par les entrepreneurs à l'un d'eux, des experts fussent appelés pour prononcer sur la cause du mal, pour en indiquer les auteurs. Ce moyen rationnel éviterait de longs débats, et procurerait une solution prompte et légale de questions ardues et souvent très embrouillées par les intéressés.

QUESTION IX.

« Si une construction périt par défaut de retenue ou de liaison
« des fers, soit qu'ils aient été mal combinés, soit à cause de leur in-
« suffisance, l'architecte est-il responsable? Ou bien la responsabi-
« lité s'applique-t-elle à un ou plusieurs des entrepreneurs concou-
« rant à la construction? »

Dans une construction dirigée par un architecte, rien ne devant s'exécuter que d'après ses ordres, et conformément aux plans et détails qu'il fournit au fur et à mesure de l'exécution, il semblerait que la responsabilité devrait peser sur lui seul, et que l'insuffisance des fers et leur mauvaise répartition devraient lui être attribuées. Pour éviter cette responsabilité et justifier son recours contre qui de droit, il aurait à prouver, que ses ordres n'ont pas été suivis, qu'il y a eu

fraude de la part de l'entrepreneur, qu'on a trompé sa surveillance;
ou que les conditions du marché, dans le cas d'un marché à forfait
ou autrement, n'ont pas été fidèlement exécutées, quelque soin d'ail-
leurs et quelque vigilance qu'il ait apportés à en prescrire l'accom-
plissement. En effet, malgré toute la surveillance qu'exerce un architecte sur les travaux, il ne peut consacrer tout son temps à un seul
bâtiment. Il s'établit donc, entre lui et l'entrepreneur, une sorte de
fidéi-commis, persuadé qu'il doit être que ce dernier, dont la responsabilité le couvrirait si le mal venait d'un défaut d'exécution, a
intérêt à ne rien ménager pour que le travail dont il s'est chargé ne
lui cause aucun préjudice.

L'architecte est donc responsable si ses ordres et ses plans ont été
scrupuleusement suivis par l'entrepreneur, qu'il s'agisse des fers, ou
de tout autre élément d'une construction, il ne peut même dans le
cas contraire se soustraire à la responsabilité envers le propriétaire,
qui a mis en lui sa confiance en le chargeant de diriger ses travaux;
mais il peut faire valoir son recours contre l'entrepreneur, en prou-
vant qu'il y a eu fraude dans l'exécution des travaux, et dans l'ac-
complissement des conditions du marché que l'entrepreneur aurait
éludées ou omis d'exécuter.

QUESTION X.

« Dans le cas où le propriétaire dirige lui-même ses travaux,
« soit par but d'économie, soit qu'il croie avoir quelque connaissance
« dans l'art de bâtir, chaque entrepreneur étant chargé spécialement
« de sa partie, si la construction vient à périr par un des vices indi-
« qués ci-dessus, sur qui pèse la responsabilité? »

Dans le cas où le propriétaire lui-même dirige ses travaux, si la
construction vient à périr, la responsabilité tout entière pèse sur
celui des entrepreneurs dont les travaux auront causé ou provoqué
cet accident.

C'est en effet, dans ce cas, à l'entrepreneur à faire au propriétaire

toutes les observations qui lui seront suggérées, à prévoir les vices de construction, les contraventions aux lois et règlements de police et de voisinage, et à se refuser positivement à passer outre, si le propriétaire ne consent pas aux rectifications dont l'entrepreneur lui ferait sentir la nécessité;

Attendu que pour les contraventions désignées plus haut, une autorisation écrite du propriétaire ne déchargerait nullement l'entrepreneur de la responsabilité que ces contraventions lui feraient encourir, seulement, chaque entrepreneur pourrait exercer son recours contre celui d'entre eux dont les travaux, par leur mauvaise confection, auraient causé le mal, la perte de la chose.

En cas de dol ou de fraude, les entrepreneurs seraient solidairement déclarés responsables. *Code civil*, 1116, 1117, 1353.

Constructions périssant par mauvais emploi des matériaux ou par vice de qualité.

QUESTION XI.

« L'entrepreneur est-il seul responsable de la nature des matériaux
« et de leur pose, lorsque, pour une construction, l'architecte en a
« autorisé l'emploi et qu'il en a contrôlé la pose, soit par lui-même,
« soit par ses agents ? En cas de négative, sa responsabilité est-elle
« solidaire entre lui et l'architecte, ou se divise-t-elle dans une pro-
« portion qui puisse être déterminée ? »

Quelque contrôle que puisse exercer un architecte, soit par lui-même, soit par ses agents, sur les matériaux employés dans une construction, il est bien difficile, sinon impossible, qu'en donnant à sa surveillance le temps moral nécessaire, il ne lui échappe pas

quelque chose, et il ne serait pas juste de faire peser sur lui la responsabilité de l'emploi de mauvais matériaux, ou d'une qualité inférieure, lorsqu'on aurait pu profiter de son absence pour poser rapi-
dement ces matériaux dont il aurait défendu l'emploi.

Cependant, il faudrait distinguer si ces matériaux n'apparaissent
que rarement dans la construction, s'ils ont pu être posés subrepti-
cement, ou si l'emploi fréquent qui en a été fait n'accuse pas un défaut de surveillance de la part de l'architecte, qui, dans ce dernier
cas, devrait répondre de sa faute, sauf le recours que, de son côté,
il pourrait exercer contre l'entrepreneur qui se serait rendu coupable
de cette transgression des ordres qu'il aurait reçus, en employant,
contrairement à ces ordres, des matériaux qu'il n'aurait pas dû faire
entrer dans la construction qui lui était confiée ; mais si l'architecte
a autorisé l'emploi des matériaux qui sont entrés dans la construction, il est évidemment responsable de la qualité de ces matériaux,
qu'il ne devait pas accepter s'il ne les connaissait pas parfaitement.

Son autorisation suppose un examen, il ne pourrait donc arguer
de surprise, et il nous semble alors devoir porter la peine de son
ignorance ou de sa mauvaise foi. L'arrêt de la cour suprême du
3 *juillet* 1817, qui prononce la solidarité en cas de fraude, recevrait
ici une juste application contre l'entrepreneur et l'architecte, s'il
n'est pas possible de déterminer la part de chacun dans ce quasi-
délit ; cette appréciation du dommage, devant rester soumise à
l'opinion d'experts, qu'il serait toujours prudent d'appeler en pareil
cas.

QUESTION XII.

« S'il n'y a pas d'architecte, et que le propriétaire, dans un but
« d'économie, prescrive à l'entrepreneur l'emploi de matériaux d'une
« qualité inférieure, l'entrepreneur est-il reponsable ? »

L'entrepreneur ne peut pas s'en rapporter au propriétaire pour
le choix des matériaux à employer, et il serait responsable si ceux

qu'il faisait entrer dans la construction étaient de nature à compromettre la solidité, quelque injonction qu'il ait reçue du propriétaire à ce sujet. Son devoir, dans ce cas, est de résister, s'il ne veut pas engager sa responsabilité.

Constructions exécutées par plusieurs entrepreneurs, à diverses reprises, et changements opérés en cours d'exécution ou après achèvement.

QUESTION XIII.

« Si un entrepreneur n'exécute que partie d'une construction, et « qu'un autre entrepreneur achève cette construction, le premier est- « il responsable de la partie qu'il a exécutée ? S'il en est ainsi, ne « doit-il pas être consulté dans la suite de la construction ? »

L'article 1794 du Code civil dit : que le maître peut résilier un marché à forfait en dédommageant l'entrepreneur de toutes ses dépenses et de tout ce qu'il aurait pu gagner dans l'entreprise.

Ce que le propriétaire peut faire pour un marché à forfait, celui qui lie le plus, il a, *a fortiori*, le droit de le faire lorsque les travaux sont exécutés sans marché.

Pour échapper à la responsabilité qui pèserait sur l'entrepreneur qui n'exécute qu'une partie des travaux, celui-ci devrait faire recevoir par des experts la portion de travaux qu'il a exécutés ; car si cette formalité, cet acte conservatoire de ses droits n'existait pas, il pourrait être attaqué par suite en garantie pour cause d'accidents, qui, à tort ou à raison, pourraient lui être imputés. Le rapport des experts ou la réception des travaux devrait, dans ce cas, mention-

ner la nature et indiquer la destination de la construction commen-
cée, afin que si, dans la continuation des travaux, cette destination
de l'édifice était changée, on pût constater que les accidents arrivés
n'eussent pas eu lieu, si les premiers plans avaient été entièrement
exécutés.

Au moyen de l'acte de réception des travaux de l'entrepreneur qui
les a commencés, sa coopération et ses conseils deviennent inutiles
pour la continuation des travaux, et je ne pense pas qu'il puisse, en
aucune façon, intervenir et s'imposer au propriétaire qui est maître
de sa chose, et peut en disposer comme il lui plait. Seulement,
comme ce propriétaire a une action en garantie contre l'entrepreneur dont les travaux viendraient à périr avant l'expiration du délai
décennal fixé par l'*article* 1792 *du Code civil*, il est nécessaire de
reconnaître la manière dont ces travaux ont été exécutés, de s'assurer si les règlements sur les constructions, et les règles de l'art, ont
été suivis et observés, et c'est ce que doit constater le procès-verbal
des experts qui reçoivent les travaux.

L'intérêt bien entendu de l'entrepreneur est donc que cette réception soit faite avec le plus de détails possible, afin de dessiner nette-
ment sa position vis-à-vis du propriétaire, et aussi vis-à-vis de l'entrepreneur qui doit continuer les travaux. Ce mode de procéder
couperait court aux difficultés qui pourraient survenir pendant et
après l'exécution, et satisferait les intérêts de tous les ayant-droit.

QUESTION XIV.

« Si un entrepreneur qui exécute partie d'une construction est
« arrêté par le propriétaire, et qu'ensuite cette construction soit
« reprise et achevée par le même entrepreneur, soit pour le même,
« soit pour un propriétaire différent, de quelle époque le délai de
« garantie doit-il être compté? »

L'*article* 1792 *du Code civil* dispose expressément que la garantie
décennale s'applique à l'édifice construit, on ne peut donc pas l'en-

tendre d'un bâtiment en voie de construction. Quels que soient les délais apportés par les parties à la terminaison de l'édifice, l'époque ou le délai de garantie ne doit se fixer qu'à partir du jour de la réception des travaux, ou du jour où le maître a été mis en demeure de les recevoir.

Il est donc de l'intérêt de l'entrepreneur de demander, aussitôt l'achèvement de ses travaux, qu'ils soient reçus, soit amiablement, mais par écrit, soit par des experts nommés *ad hoc,* la date de ce rapport, ou la prise de possession des lieux par le propriétaire, fixant le jour à partir duquel court la garantie de dix ans.

QUESTION XV.

« Si lorsqu'une construction est partie ou entièrement exécutée,
« on pratique dans les murs des ouvertures ou des changements de
« nature à déformer ou à décomposer la chose faite, l'entrepreneur
« est-il passible des conséquences de ces ouvertures ou change-
« ments ? »

Certes, si ces ouvertures sont faites contrairement aux règles de la solidité, sans précaution aucune, et de telle sorte que le seul fait de ces changements ou de ces percements cause des dégradations de nature à altérer la construction, celui qui les exécute ainsi est responsable du dommage; ou ces travaux supplétifs sont faits par l'entrepreneur qui a construit primitivement, et alors, du moment où il s'en est chargé, sa responsabilité est engagée, où, à son refus, ils sont faits par un entrepreneur étranger, lequel, dans ce cas, doit être garant des conséquences auxquelles peuvent donner lieu les travaux qu'il exécute, à moins cependant qu'en faisant ces percements ou changements, on ne découvre des vices de construction ou des contraventions aux règlements de police ou aux lois du voisinage. Dans ce cas, l'entrepreneur qui s'en serait rendu coupable resterait responsable des dommages que les contraventions reconnues auraient occasionnés. C'est à celui qui entreprend ces changements, ces percements, à savoir s'ils ne sont pas de nature à compromettre la solidité de l'édifice. S'il pense que ces travaux peuvent nuire à la construction, le seul moyen d'éviter la responsabilité qui pèserait sur lui en cas d'exécution, c'est de se refuser à construire, c'est d'opposer aux prétentions du propriétaire une force d'inertie.

QUESTION XVI.

« Dans la construction d'un édifice ou d'un bâtiment, lorsqu'il se
« manifeste des vices de construction, et que ces vices dérivent de
« la responsabilité spéciale de l'entrepreneur; l'architecte est-il ga-
« rant, vis-à-vis du propriétaire, de la solvabilité de l'entrepreneur?
« Et si, au contraire, les vices dont on se plaint sont du fait de l'ar-
« chitecte, l'entrepreneur est-il responsable de la solvabilité de l'ar-
« chitecte à l'égard du propriétaire, lorsque ces deux constructeurs
« sont du choix seul du propriétaire? »

Puisque la solidarité ne se présume pas, *Code civil* 1202, pour que l'entrepreneur fût garant de la solvabilité de l'architecte et récipro- quement, dans le cas où des vices qui se manifestent dans une cons- truction peuvent être attribués exclusivement à l'un d'eux, qu'ils soient choisis ou non par le propriétaire, il faudrait que le contrat intervenu entre eux en contînt la mention expresse.

C'est d'abord contre l'architecte que s'intente l'action en garantie, c'est en lui que le propriétaire a mis sa confiance, il doit répondre de ses actes, sauf le recours qu'il peut exercer contre l'entrepreneur qui a exécuté la construction sous ses ordres.

L'action du propriétaire contre l'entrepreneur n'est directe que s'il a construit sans architecte; peu importe dans l'espèce que l'en- trepreneur soit du choix du propriétaire ou de celui de l'architecte, la responsabilité appartient toujours en propre à l'auteur du mal ou à celui qui, par sa position, aurait pu et dû l'empêcher; mais quant à la question de solidarité entre l'entrepreneur et l'architecte, elle est résolue négativement par l'article cité 1202 du *Code civil.*

Il y a du reste cette distinction à faire entre ces deux professions que nos Codes confondent, c'est que l'un, l'architecte, considéré comme un ouvrier qui loue son industrie et son travail sans jamais fournir la matière, ne devrait être tenu, si la chose venait à périr sans qu'il y eût de sa faute, que du salaire de cette industrie, de ce travail. *Code civil* 1789-1790.

L'article 1792, entendu convenablement, ne devrait s'appliquer qu'au cas où un architecte, abdiquant sa position, aurait entrepris la construction d'un édifice à prix fait ou autrement, ou enfin il aurait agi comme entrepreneur.

L'*article* 1793 établit une confusion d'attributions en ne distinguant pas, et en assimilant au contraire deux professions dissemblables, en ce que l'un ne loue que son industrie, son travail, tandis que l'autre y ajoute la vente de la matière et devient par ce fait même commerçant, et, comme tel, soumis à toutes les garanties voulues par le Code de commerce; ce serait donc, dans notre opinion, faire de la loi une application peu équitable que de rendre l'architecte responsable pécuniairement, autrement qu'en lui faisant perdre le salaire de son travail, de son industrie, ses honoraires enfin, sans parler du tort moral, sinon matériel dans ses conséquences, que lui causerait une telle condamnation.

Si cette pénalité ne semble pas suffisante contre celui qui, par ignorance, dol ou connivence avec l'entrepreneur, peut entraîner la ruine d'un client, toujours est-il qu'en considérant l'inégalité des positions respectives de l'architecte et de l'entrepreneur, le lucre de chacun, fixe et restreint pour le premier, variable à l'infini pour le dernier, il ne peut pas être juste de leur faire supporter la même part dans un sinistre dont ils auraient été la cause déterminante ou du moins qu'ils auraient pu éviter en remplissant l'un son mandat avec intelligence et probité, l'autre ses obligations de commerçant dans toute leur étendue. Il y a donc quelque chose à faire pour que le tort qui frappe l'architecte dans son industrie, dans sa réputation, ne soit que l'équivalent de ce qu'il retire de l'exercice de sa profes-

3

sion, où sa responsabilité est engagée dans une proportion et avec des risques qui ne couvrent pas suffisamment les modiques et invariables honoraires qu'il perçoit en échange.

Or, le bénéfice de l'architecte n'est jamais éventuel comme celui de l'entrepreneur, qui a pour ou contre lui les chances de baisse ou de hausse sur la matière et sur la main-d'œuvre, qui fait un commerce. *Code com.* 633.

La différence dans les positions primordiales devrait donc se reproduire lorsqu'il s'agit de pondérer la réparation d'un dommage, la part de chacun établie suivant les principes de la justice la plus rigoureuse d'accord avec la législation sagement entendue et interprétée, ne pourrait être égale puisque les honoraires de l'un sont fixés par l'usage dans le silence de la loi, tandis qu'aucune disposition restrictive ne limite les bénéfices de l'autre.

Du reste, cette distinction entre ces deux professions ressort pleine d'évidence de l'étude raisonnée et approfondie des jurisconsultes romains (*Caïus* et *Justinien*), de l'ancienne jurisprudence, et aussi des interprétations du Code et de ses motifs par les commentateurs les plus savants et les plus estimés. Si elle n'a pas été formulée d'une manière aussi tranchée, c'est qu'il s'agissait dans l'espèce plutôt d'une question de principe, quant à la responsabilité en général, dont toutefois les conséquences se déduisent facilement et sans torture, que d'une abstraction ou de l'application de ces mêmes principes dans la pratique.

Responsabilité des architectes chargés de régler les mémoires des travaux des entrepreneurs.

QUESTION XVII.

« Quelle est la responsabilité des architectes lorsqu'ils sont chargés

de fixer la valeur des travaux de bâtiment dans les règlements de « mémoires, et que par une faute lourde leur appréciation diffère « de la vérité ou de l'équité ? »

La responsabilité des architectes qui règlent des mémoires et fixent ainsi la valeur des travaux soumis à leur appréciation ne peut être que morale, à moins qu'il n'y ait dol ou connivence. En effet, cette appréciation n'entraîne le propriétaire ni l'entrepreneur à aucun sacrifice de leurs intérêts réciproques ; car, ou l'entrepreneur accepte le règlement de l'architecte, et toutes les présomptions sont alors que le travail a été bien fait puisque la partie dont il paie le salaire ne fait aucune réclamation ; ou au contraire, l'entrepreneur, mécontent de l'appréciation de l'architecte, refuse de s'y soumettre, et alors le devoir de l'architecte est d'écouter l'entrepreneur dans ses observations, d'en reconnaître, s'il y a lieu, la justesse et de modifier son travail, ou, si ses réclamations ne lui semblent pas admissibles, de persévérer dans son estimation des travaux, remettant à des tiers spéciaux, nommés par l'autorité compétente, à prononcer sur la validité des prétentions de la partie qui réclame.

Le propriétaire, pas plus que l'entrepreneur, ne seraient fondés à intenter une action à l'architecte qui, dans un règlement, aurait apprécié trop haut ou trop bas les travaux soumis à son règlement, à moins qu'il ne soit prouvé qu'il y a négligence, faute grossière, ce qui est considéré comme dol. *Magna negligentia culpa est, magna culpa dolus est.*

En effet, son incapacité est alors une faute grossière, c'est-à-dire une faute qui consiste à ignorer ce que les personnes de son état doivent savoir, et une action en dommages-intérêts pourrait lui être intentée, *Code com.*, 348, mais il faudrait pour cela que le dol fût prouvé, car il ne se présume pas. *Code civil* 1116, 1117, 1352.

Responsabilité de la vie ou des blessures des Ouvriers.

QUESTION XVIII.

« Y a-t-il des cas où le propriétaire et l'architecte sont respon-
« sables de la vie ou des blessures des ouvriers ou des personnes
« étrangères à un atelier, et qui peuvent être victimes d'un évène-
« ment malheureux. »

QUESTION XIX.

« Dans ce cas l'entrepreneur est-il lui-même responsable de la vie
« ou des blessures de ses ouvriers ?

QUESTION XX.

« Dans quels autres cas est-il responsable de la vie ou des bles-
« sures des personnes étrangères à ses ateliers, et qui peuvent être
« victimes d'un évènement malheureux, soit en passant auprès de
« ses ateliers, soit en s'y introduisant ?

QUESTION XXI.

« Les agents de l'entrepreneur, commis, maîtres, compagnons,
« chefs d'ateliers, sont-ils seuls responsables des suites d'un évène-
« ment malheureux dont leur défaut de prévoyance ou de soin sont
« la cause ou la source ?

QUESTION XXII.

« L'entrepreneur attaqué seul pour un cas de cette nature, a-t-il
« recours contre ses agents ? Peut-il les mettre en cause avec fruit,
« la jurisprudence doit-elle l'atteindre seul, ou solidairement, ou
« concurremment avec ses agents ? »

L'entrepreneur est toujours responsable des accidents arrivés dns

son atelier. *Décrets du Conseil-d'État* 24 *juin* 1808, 26 *mars* 1812.
Lors même que ces accidents seraient le fait de ses agents, quant au
propriétaire, il ne peut être mis en cause qu'accessoirement, et toujours sauf son recours contre l'entrepreneur ou l'architecte, s'il s'en
est rapporté à un architecte et à un entrepreneur pour tout ce qui
touche à la construction.

L'architecte devient responsable s'il est prouvé que c'est par suite
de ses ordres qu'est né l'état de choses qui a causé les accidents : il
aurait alors commis un quasi-délit, et serait tenu de dommages intérêts.

Dans les mêmes conditions et en l'absence d'un architecte, l'entrepreneur serait responsable et passible des mêmes dommages intérêts.

L'article 1386 *du Code civil* rend le propriétaire responsable du
dommage causé par la ruine de son bâtiment, lorsqu'elle est arrivée
par défaut d'entretien, ou par vice de construction, mais dans ce second cas il peut exercer son recours contre l'entrepreneur ou l'architecte qui ont été chargés de ses travaux.

Les maîtres et commettants sont responsables du dommage causé
par leurs domestiques et préposés. *Arrêt de Cassation,* 25 *novembre*
1813. *C. P.* 319 320.

L'entrepreneur est responsable de la vie ou des blessures de ses
ouvriers, si ces accidents sont arrivés par sa faute, soit *in faciendo,*
soit *in omittendo.* — *Code Civil,* 1382 1383. Il y aurait lieu dans ce
cas à dommages intérêts. *Paris,* 19 *décembre* 1837.

Il ne pourrait même opposer l'exception d'un mandat et qu'il n'a
agi que par les ordres de l'architecte, et comme représentant du
propriétaire, parce que c'est un quasi-délit. *Code Civil,* 1370, 1371,
1382.

Il serait également responsable de la vie ou des blessures de personnes étrangères à son atelier, et qui peuvent être victimes d'un
évènement malheureux, soit en passant auprès de ses ateliers, soit en
s'y introduisant. Si ces blessures ou ces accidents résultent, ou peu-

vent être attribués, à un manque de précaution, à l'inobservation des lois de bâtiment, réglements de police, etc., ou par maladresse, imprudence, inattention, ou négligence. *C. P.* 319.

Que ces blessures ou ces accidents soient le fait de ses ouvriers ou de ses agents, si l'imprudence ou la négligence de ceux-ci est prouvée, *Paris,* 18 *décembre* 1827; mais dans ce dernier cas sa responsabilité est toute civile et accessoire vis-à-vis des tiers, et il y a toujours contre les auteurs du dommage un recours qu'il peut exercer, en retenant par exemple leurs gages ou salaire dont il se trouve débiteur.

Seulement pour savoir si l'entrepreneur est fondé à exercer un recours contre ses agents ou préposés, à raison de condamnations intervenues, il faut distinguer entre les faits dommageables. Si le fait a été expressément commandé au préposé, il est évident qu'il est personnellement et uniquement imputable au maître, contre lequel seul la condamnation doit être prononcée, à moins que le fait ne constituât en lui-même un crime ou un délit, ce qui rendrait le préposé lui-même non recevable à exercer contre son maître une action en garantie.

C'est dans le cas contraire et lorsqu'il s'agit d'un fait nuisible arrivé par la faute, la négligence ou la maladresse du préposé dans l'exercice de ses fonctions, que la responsabilité du maître est civile et accessoire vis-à-vis des tiers : cette responsabilité ne fait pas encourir de peine, proprement dite, dans l'état actuel de notre législation.

Quant à la solidarité de l'entrepreneur et de ses agents, ouvriers, etc.: quant à savoir, s'il peut avec fruit les mettre en cause, *l'article* 1797 *du Code Civil* dispose expressément que ni l'entrepreneur, ni l'architecte, ne peuvent dans aucun cas rejetter la responsabilité du tort causé par leurs ouvriers, sur ceux-ci, attendu qu'ils en sont responsables, sauf leur recours contre eux, suivant leur position.

23

QUESTION XXIII.

« Dans l'état actuel de l'industrie des constructions, la législation
« est-elle suffisante ou a-t-elle besoin de modifications ? »

Supposons la question résolue par l'affirmation et le besoin de modifications, senti par tous ceux qui s'occupent de constructions. A
quel travail ne faudrait-il pas se livrer pour traiter cette matière avec
tout le développement qu'elle comporte? De quelle valeur serait une
opinion isolée à ce sujet? Avec quelle autorité se produirait-elle ainsi
ex abrupto sans les précédents qui pourraient lui donner quelque
créance?

Il ne m'appartenait en aucune façon de trancher du législateur,
même accidentellement, à propos d'un concours.

Laissons à ceux dont c'est la fonction exclusive à chercher ce que
peut avoir de vicieux un ordre de choses contre lequel s'élèveraient
des reproches graves et nombreux, laissons au législateur à trouver
le remède à des maux qui, trop généralement sentis, seraient l'objet
d'une enquête sérieuse, et sur lesquels on ne peut prononcer *ab
irato*.

Les lois, règlements et ordonnances sont déjà assez multipliés
pour qu'on n'en augmente pas le nombre sous le prétexte que quelques intérêts particuliers ne sont pas satisfaits. Pour moi, j'ai reculé
devant une pareille tâche, je ne me suis pas trouvé suffisamment
éclairé pour proposer quelque chose en remplacement de ce qui
existe, de ce que le temps et l'usage ont sanctionné. Puis un pareil
travail, sur un sujet aussi étendu, en supposant que j'eusse pu m'y
livrer, m'a semblé dépasser les bornes d'un concours.

Il y aurait matière à un gros volume pour donner une appréciation
consciencieuse et éclairée de toutes les lois et ordonnances touchant
les constructions. Il faut aller au fond des choses, peser les motifs,
et bien connaître, si je puis m'exprimer ainsi, les signes patholo-
giques, le diagnostic de la maladie, avant d'indiquer un remède,

avant de proposer des retranchements ou des modifications qui pourraient porter le trouble et le désordre dans les transactions et les
actes de diverses natures auxquels donnent lieu les constructions.

Je sais qu'on reproche à quelques règlements, et principalement à
ceux de la voirie, leur tendance quelque peu draconienne; mais à
examiner ce qui se fait tous les jours, on serait plutôt tenté de croire
à une sorte de laisser-aller dans leur application qu'à une rigueur
excessive, dont certes ne se rendent pas coupables les hommes intelligents chargés de les faire exécuter, désireux qu'ils doivent être, et
qu'ils sont en effet, de favoriser l'introduction de nouveaux moyens,
de nouveaux procédés dans l'art de bâtir, toutes les fois que ces
innovations donnent au public et à l'administration que ces agents
représentent, et dont ils sont chargés de faire exécuter les règlements, des garanties de sûreté et de solidité qui sont indispensables
pour qu'ils puissent être accueillis de tous.

La vie des citoyens et la sécurité publique sont choses par trop
précieuses pour que les quelques dispositions rigoureuses reprochées
aux règlements de l'édilité parisienne ne disparaissent pas trop brusquement, et qu'elle ne reste pas désarmée contre l'ignorance et la
cupidité de bâtisseurs qui, sans se préoccuper d'autre chose que de
leurs intérêts, font de la construction non pas un métier, mais marchandise!

Par toutes ces raisons, je ne me suis pas occupé de résoudre la
dernière question du programme.

Telles sont donc les solutions que je crois devoir proposer pour
les vingt-trois questions : elles étaient toutes implicitement contenues dans l'ouvrage que je joins à ce mémoire, et que je n'ai fait
imprimer que pour conserver mon droit de propriété sur un travail
qui, mien seulement quant à la forme, peut avoir son utilité. Il m'a
semblé qu'en l'annexant à mes solutions, en même temps que je
fournissais aux juges du concours le moyen de vérifier si, en résolvant les questions du programme, j'avais bien saisi l'esprit des auteurs auxquels j'avais emprunté leurs opinions sur la matière, j'évi

tais d'entrer dans des développements qui eussent allongé sans nécessité la rédaction de ces réponses, que je voulais construire de la manière la plus serrée et la plus laconique.

Ce travail, du reste, était presque complet lorsque a paru le programme du concours ; et je n'ai fait, pour le terminer, qu'ajouter quelques définitions, quelques opinions puisées dans les ouvrages les plus modernes, dont la publication récente m'a permis de profiter.

Un résumé de cette nature manquait au nombre des ouvrages qui traitent du droit et de la jurisprudence touchant les constructions et les questions qui s'y rattachent, surtout quant aux personnes.

Votre concours aura été pour moi un stimulant utile, un motif déterminant de la publication, puisque ce dont je reconnaissais l'utilité et l'absence, une société composée d'hommes spéciaux et éclairés, l'avait reconnu, en mettant au concours la solution de questions souvent ardues et embarrassantes pour qui n'a pas fait, de cette partie du droit et de la jurisprudence, une étude raisonnée.

J'espère que ce mode de concourir ne me sera pas opposé comme fin de non recevoir, dans le cas où l'ouvrage en lui-même, et les réponses aux questions du programme, paraîtraient dignes du prix qui est offert aux concurrents.

C'est surtout en pareille matière que le fond doit l'emporter sur la forme, et, je le répète, l'*ouvrage et le mémoire ne doivent pas se séparer pour le concours*, le dernier n'étant qu'un corollaire du premier, et pouvant devenir, en cas de succès, un complément utile de l'ouvrage que j'ai fait imprimer, et alors la propriété de la chambre.

Quant au désir exprimé au programme que les concurrents ne se renfermassent pas exclusivement dans les vingt-deux questions, il serait devenu très-long et peut-être inutile d'y satisfaire.

En effet, on devait tomber dans des cas presque identiques ou analogues : la solution des questions posées servira sans aucun doute, en raisonnant par analogie, à résoudre celles qui auraient quelque parenté, quelque connexité avec les données du programme.

4

26

Puis il fallait indiquer, préciser ces inconnues; rarement il y a parité dans les circonstances qui les font naître, et cette différence dans la forme, quoique réduite par l'analyse et ramenée à des principes certains, aurait engendré des combinaisons laborieuses et un surcroît de travail infructueux, peut-être, à cause de sa complication.

L'esprit se perd dans toutes ces anomalies qu'il lui faut retenir, dans toutes ces questions complexes qui le fatiguent sans résultat. Des principes normaux et d'une application sûre, tel doit être le but, l'étude du droit : un jugement sain et un peu de logique font le reste.

On pouvait ajouter beaucoup au programme sans le compléter : où donc était la limite? Qui peut dire où on devait s'arrêter? Il y a trop d'intérêts en jeu dans une construction, trop de points de contact pour qu'il soit possible de déterminer et de résoudre à l'avance toutes les questions que le temps, les lieux et les personnes créent et modifient à l'infini.

Ce n'est donc pas dans le nombre des questions que gît le mérite; quelques-unes de plus n'augmentent pas la valeur du travail, ce n'est pas la quantité que la chambre voudra rémunérer, mais bien la qualité.

C'est ainsi, du moins que je l'ai compris, et il ne m'est pas venu un seul instant la pensée de racheter par le volume ce qui peut manquer intrinsèquement aux solutions que j'ai proposées pour les questions du programme.

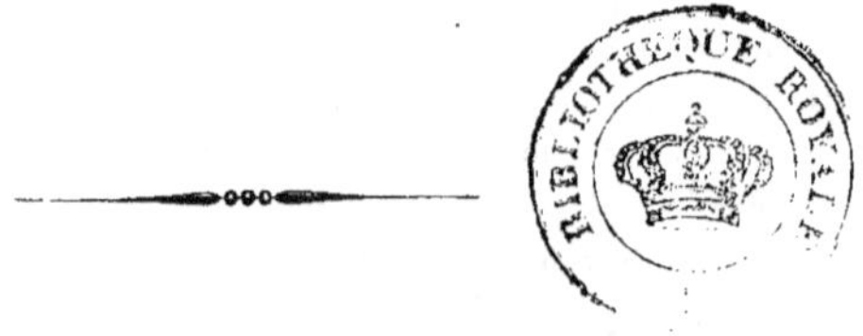

Paris. — Typographie et Lithographie de A. Appert, passage du Caire, 54.